कलम की नोंक से

एक सफ़र

सुबोध कच्छावा

शब्द है ! सार है ! मन में जो विचार है !

कलम का संयोग है ! जीवन का आधार है !

क्रम-सूची

क्रम-सूची

क्रम-सूची

क्रम-सूची

क्रम-सूची

1. उकेरा इश्क़

मेरे ज़हन में बसी हर सांस तुझ पर मरती है
मेरी कलम अक्सर तेरी खातिर इश्क़ उकेरा करती है !!

2. अपने बारे में

कुछ मेरे बारे में :-

मेरा नाम सुबोध है | मैं जयपुर शहर से अपने ताल्लुक रखता हूँ | मैंने यहीं अपना बचपन बिताया और अब जवानी भी यहीं पर अपने हिस्से के किस्से जी रही है ! अब आगे देखते हैं क्या होगा | यह मेरे जीवन की पहली किताब है | वैसे तो कलम हम अक्सर बचपन में ही पकड़ना सीख जाते हैं मगर हमें इसकी किमत नहीं पता होती और मुझे इस कलम की ताकत का अंदाजा हुआ मेरे जन्म के 17 साल बाद | अब तो इससे इतना इश्क़ हो गया है की अगर किसीसे तोहफे की चाहत रखता हूँ न तो उस चाहत में भी कलम ही होती है | अगर मेरा जो जीवन है तो वो मेरी कलम से ही है इसीलिए तो मैंने इस किताब का नाम रखा है - कलम की नोंक से |

चलो मैं अपने बारे में और कुछ बताता हूँ | मेरी माँ श्रीमती आशा देवी जी अक्सर मुझसे कहती है अरे तू क्या करेगा बस हर वक्त पागलों जैसी बात करता रहता है | मुझे माँ के मुँह से वो पागल शब्द सुनकर बड़ी खुशी होती है | मेरे पिता जी श्रीमान राम गोपाल जी कच्छावा मुझे हमेशा अच्छी-अच्छी नसीहत दिया करते हैं जो ज़िंदगी के किसी न किसी मोड पर मेरे काम आ जाती है | मेरे बड़े भैया श्रीमान शुभम कच्छावा वो हमेशा मेरे हाँसलें को बुलंदी पर रखते हैं |

अध्याय 3

मेरी बहन श्रीमती पूजा टांक अक्सर मुझसे झगड़ती रहती है खैर यह तो हर भाई-बहन के साथ होता है |

और हाँ एक शख्स और है मेरी ज़िंदगी में उसका नाम नहीं बता सकता अभी | चलो फिर कभी ही सही |

मेरी शिक्षा की यात्रा बड़ी शानदार है | जॉय सेंट्रल एकेडमी से पहले 10वीं तक का टिकिट था फिर 12वीं तक के सफर के लिए चढ़ गये विद्या भवन पब्लिक सीनियर सेकेंडरी की बस में फिर अब सफर का बाकी हिस्सा जयपुर नेशनल यूनिवर्सिटी में बीत रहा है और कहाँ जायेंगे वो पता नहीं |

4. इश्क़ का पौधा

पेड़ों की शाखो से टूटे हम

तेरे इश्क़ की ज़मीन पर आ गिरे

तूने सेहलाया तूने संभाला

फिर खुदकी इश्क़ की आँधियों में उड़ाया

कहीं दूर जाकर गिरा मैं

न मेरे सिवा वहाँ कोई और था न ही कोई परछाई थी

मुझे लगता है शायद वो तेरे इश्क़ की गहराई थी

तू बहाव एक नीर का बन वहाँ मुझ तक पहुँच गई

हम दोनो मिलकर कहीं दूर बहते जा रहे थे

वो पत्ते और बहाव के रिश्तें कहीं गहरे होते जा रहे थे

मैं सवार हो तुझपे कहीं दूर सा निकल गया था

शायद तेरे इश्क़ के आखिरी निचोड़ तक मैं पिघल गया था

तूने मिला खुदमें मुझे एक तलातुम बना दिया

तूने मुझे समंदर के आखिरी आधार तक पहुंचा दिया

मैं मोती सा बनता गया तेरे इश्क़ की सीपियों में

कुछ आये भावनाओं के गोताखोर मुझे साथ में लेकर चले गये

मुझे अशर्फियों सा उन्होंने मुल्यवान बना दिया

मुझे बेच दिया कहीं किसी इश्क़ के बाज़ार में

तू आई वहाँ अपनी कुछ सहेलियों के संग

तुझे भी भा गये मेरे इश्क़ के रंग

तूने खरीदा मुझे और कहीं ज़मीन मे लगा दिया

आई थोड़ी मिट्टी की परत मुझ पर

और तेरे कोमल नाज़ुक हाथो ने एक इश्क़ का पौधा बना उगा दिया !!

5. माज़ी का क़िस्सा

एक माज़ी का क़िस्सा गुज़रा
ज़िंदगी के हिस्सों से
वो अतीत ज़िंदगी में
एक लम्हा लिये ठहर गया
वो इश्क़ था ! वो इश्क़ है ! वो इश्क़ रहेगा !

6. पूर्ण स्वरूप

तू देवनागरी मेरी लिपि सक्षम
मैं अनपढ़-सा तेरे आगे अक्षम
मैं शब्द-शब्द सा तुझपे आसार
तू अक्षर-सी बन मेरा आधार
मैं बढ़ती-बढ़ती पंक्ति पनपा
तू वाक्य-सा बन मेरा पूर्ण स्वरूपा !!

7. देहलीज़

इक गलती कि मैंने

कठघरे में खड़ा हूँ मैं

अब पछतावा इतना कि

खुदसे ही लड़ा हूँ मैं

तुम न फेरों नज़रे

मुझे न समझो कि मैं काफ़िर हूँ तुम्हारा

मुस्कुरा दो थोड़ा सा और कर दो ना इशारा

हाँ करता हूँ एतराफ़ मैं कुसुर का

तुम थोड़ा नूर देदो न अपने सुरूर का

इक गलती कि मैंने कठघरे में खड़ा हूँ मैं

तुम देदो न माफ़ी तुम्हारी देहलीज़ पे ही पड़ा हूँ मैं !!

8. आँखो को अज़ीज़

कैसा मर्ज़ दिया इश्क़ ने तेरे
कि देख ये नाचीज़ मरीज़ हो गया
करीब आते-आते तेरे ये भी लज़ीज़ हो गया
इश्क़ करते-करते तुझसे कुछ आलम हुआ ऐसा
कि तू आँखों में रहा और आँखों को अज़ीज़ हो गया !!

9. बचपन

बचपन का वो समां गुज़रा
यादें कहीं दिल में बसी है
खो सी गयी या कहीं बिखर गयी
वो जो हमारी बचपन वाली हँसी है
वक्त था कुछ खेल खेल का
हँसी-अठखेली शोर का
कोरे काग़ज़ भी साथी थे
मिट्टी से भी थोड़ी यारी थी
क्या खूब था वक्त वो भी
जिसने ज़िंदगी संवारी थी

10. अदब

कंकरो को मार रहे ठोकर क्यूँ दिल ये बेकरार है
क्या इस दिल को इस वक्त का इज़हार है
अजब रास्तो में बिता दिया कितना वक्त
इस दिल को बड़ी शिद्दत से इक अदब का इंतज़ार है ।।

11. प्रार्थना

प्रार्थना ने आशा को साथ ले लिया
पूजा ने आस्था से की मित्रता
भक्ति ने देखो कर्म का मार्ग अपना लिया !!

12. फ़र्ज़ी किस्से

मैं क्यों मानूँ दुनिया के बेफ़िज़ूल तर्क
मैं खुद ही तो घर हूँ मेरी हसरतों का
मुझसे ज्यादा न कोई मुझे जाने हैं
न मैं कोई हूँ कठपुतली
आये मन जो मेरे मैं मेरी मर्ज़ी करूँ
खुदसे मिल मैं दुनिया के सारे किस्से फ़र्ज़ी करूँ !!

13. दिल के पास न हुआ

आज खुदसे ही नाराज़ हूँ मैं
जो खुदको नहीं सुनाई दे वो दबी हुई आवाज़ हूँ मैं
तुझसे इश्क़ करने कि खता कि हमने
खता-खता में हम तुझे ज़िंदगी बना बैठे
करीब थे खुदके हम पहले
अब तो हम खुदसे ही ख़फ़ा बैठे
तुझे ज़रूरत समझा था ज़िंदगी कि
लेकिन ज़िंदगी कि तलाश में तो
हम अपनी हँसी ही गंवा बैठे !
तुझे मान बैठे थे खुदा इश्क़ में
मगर तुझे एहसास न हुआ
तु करीब था मेरे मगर कभी दिल के पास न हुआ !!

14. अश्क से भीगा

शाम-सहर भटकता फिरा दरों दरों चौराहों पर
इक आशा लिए कि कहीं मिले मुझे मेरा हमराही
आँखे मुंदी हवाओं के सिरहाने पर
मुक्कमल खडा मिला हमराही मुझे
गले लगा उसे अश्क से भीग गया मैं !!

15. एक जंग इश्क़ के नाम

एक जंग इश्क़ के नाम की एक जंग सरहद के नाम करूँगा
मैं तो पहले ही तेरे इश्क़ में मर चुका और बता अब कितनी बार
मरूँगा ।।
अगर सरहद पर जो लगेगी चोट मुझे
तो लहू थोड़ी वहा इश्क़ तेरा बहेगा
तेरी बाँहों को दूंगा फिर से दस्तक
ये वादा मेरा आखिरी सांस तक रहेगा ।।
अरे मेरी साँसे तो कैद है तुझमें
वो भला कैसे बंद हो जायेगी
तेरी मोहब्बत का साया जब तक मेरे साथ
मेरे आगे मौत भी झुक जायेगी ।।
मैं बंदा हूँ हिंद का अपना इश्क़ बखूबी निभाऊँगा
मैं मर कर भी कहीं तुझमें ही रह जाऊंगा ।।

16. शोर

बहते रास्तो का एक बहका मुसाफिर हूँ
मंज़िल का नहीं कोई ठिकाना बस ख्वाब है ज़हन में
और चले जा रहा हूँ
लगन है खुदसे मेरी बस और कहाँ की सुध
फिर भी बार-बार उठ रहा हूँ और शोर मचा रहा हूँ

17. तुझमें

तेरी छुअन का एहसास कहीं जिस्म पर रह जाता है
तेरा वो नज़राना मेरी आँखों में शरमाता है
जाते हैं ये कदम तेरे पास से
फिर भी ये नाचीज़ तुझमें ही रह जाता है ।।

18. आशा

आशाओं के सहारे है इश्क़ हमारा

कल की मुलाकात की खबर दोनों को ही नही

बस अगर टकरा जाये कहीं निगाहें हमारी

वो भी हमारी एक मुलाकात होती है

न तय होती है कभी कोई बात

कि यहाँ मिलेंगे कि वहाँ मिलेंगे

बस इत्तेफाक कि एक ख्वाहिश दिल में होती है

रास्तो के एहसान पर छोड़ देते हैं मुलाकात को

दोनों को अगर एक ही राहों में भेजें रब

तो ख्वाहिश कहीं पूरी हो जाती है

फिर रास्ते के इंतकाल तक चलता है इश्क़ हमारा

अगर जो आ जाये घर उसका करीब

मन मानते ही नहीं कि जाये या नही

बस फिर तो इश्क़ के आगे वो रास्ता भी बढ़ा देता है अपने कुछ
कद

19. ये बरखा

ये बरखा भी उसके हुस्न को देख बड़ा झूमती है
बरखा की वो बूँद बड़ी किस्मती जो सरक आँखों से उसके लबो को
चूमती है ।।
हवाओं के झोंके सिसक सिसक उसे पुकारते हैं
वो बरसते बादल उसके संग पाँव थिरकाते हैं
हम तो खड़े देखें बस अदाएं उनकी
नज़र न हटें चेहरे से उनके
जब वो भीगे बाल उनके गालों को सहलाते

20. हसरत

कैद है हर हसरत मेरी
तेरे झिलमिलाते चेहरे पर
ए-मां तु एक बार मुस्कुरादे तो कोई ख्वाहिश ही न रहें ।।

21. मेहनत

हर रोज़ ममता का प्रेम मिलाये
माँ परोसती है थाली में पिता की मेहनत मुझे !!

22. धड़क

मैं हवा बन कहीं तेरी सांसो में ठहर जाऊँ
एहसास बनूँ मैं और तेरे जज़्बातों में महक जाऊँ
मैं होऊँ कोई जिस्म तु बने मेरी रूह
मैं धड़क बन कहीं तेरे दिल में धड़क जाऊँ ।

23. गोता

कहीं मन ही मन में मैं तुझको अपने सेहलाता हूँ
भीड़ में रहता हूँ फिर भी तुझको ही गुनगुनाता हूँ
लोग जो करे ज़िक्र तेरा मेरे आगे मैं रग-रग से मुस्कुराता हूँ
मेरी मन की तरंग पर लहर तेरी ही होती है हर पल
तेरी इस लहर में गोता मैं बार-बार ही लगाता

24. मानस

मेरे साज़-साज़ सेहलाती प्रिया
मैं तेरे नैनन की राहों में राहगीर
तू मेहर-मेहर करती प्रेम संगीता
मेरे अणु-अणु तेरी तस्वीर
मैं छनक-छनक पायल सा घुंघरू
बजती तू कोई ताल-मृदंग
तू प्रेम-प्रेयसी भानु मेरा
मुझमें सेहर तू बसी उमंग
मैं कसमस-सा वासी एक नागरिक
बाहें तेरी ये शहर निराला
छोड़ काज सब जगत-जहाँ के
मानस अंदर प्रेम संभाला !!

25. समंदर हूँ मैं

समन्दर हूँ मैं
तैराक मेरे मुझसे शायद कुछ खफा हो गए
हम तो झोंके ही थे वो तो हवा हो गये

26. कुछ लिख लिया जाये

आज गम है तो चलो कुछ लिख लिया जाए
चलो थोड़ी खुद से बात की जाये
खुशियों का सागर हूँ मैं मुझमें कहाँ ये बुँदे कुछ गम कि आ गिरी
मगर लहरे मेरी इतनी भी कमज़ोर नहीं
जो संभाल न सकूँ मैं खुदको ही

27. अधूरा ख्वाब

ख्वाब छोड़ एक अधूरा एक पराये घर मैं चली
माँ-पिता जी ने आँसू बहाये समझ आया
मगर ये दरों-दीवारें क्यूँ रो पड़ी
हाँ शायद क्योंकि हर दिवाली
मैं इन्हें अपने हाथों से सजाती थी
ये आँगन भी देखो
जैसे कहता हो कि मुझे भी संग ले चलो
तुम मुझ पर ही तो खेला करती थी
मगर मैंने न सुनी किसीकी मैं चली अब पिया संग
पहचान अब मेरी बदल गयी
अब मैं किसी और आँगन कि क्यारी हूँ
मैं अपना सब छोड़ आगे बढ़ी
हाय कितनी मैं बेचारी हूँ !!

28. आशिक

एक तब्दीर् ज़हन में मुनासिब हुआ
इक नूर ज़ेबा इतना लुभाया
कि दिल ना ना करते आशिक हुआ

29. खुदसे मिल लूँ

कब तक रहूँ खुदकी भावनाओं से मैं डर-डर के
चलो आज खुदसे मिल लूँ जी भर के !!
मैं थोड़ा ज़िम्मेदार थोड़ा-सा नादान हूँ
कुछ हद तक सच्चा कहीं न कहीं थोड़ा-सा बेईमान हूँ
मेरी तस्करी करता हूँ अक्सर आसमान की ऊंचाई से
मैं जीता हूँ हमेशा खुद पे मर-मर के
चलो आज खुदसे मिल लूँ जी भर के !!
मेरी सोहबत थोड़ी शांती से थोड़ा-सा मैं बागी हूँ
कहीं थककर कभी बैठ जाऊँ मन का मैं वैरागी हूँ
किस्से यूँ ही चलते हैं हमारी फितरत की बसर के
चलो आज खुदसे मिल लूँ जी भर के !!
मुझे प्रेरित करते हैं ये आलम मुझमें गुज़रते
मेरे अरमान मुझे गिरने नहीं देते मुझमें संभल के
हम बंजारे समझे खुदको
हमें पसंद है ये खुदके संग सैर-सपाटे
हम दीवाने हैं दीवाने अपनी डगर के
चलो आज खुदसे मिल लूँ जी भर के !!

30. आकार

आती है मुलाकातों में इश्क़ लिये
मैं रब को आभार देता हूँ
जो बिखरे उसकी सादगी में सजदे बेशुमार लेता हूँ
और तुम तो यूँही कह देते हो मुझे शायर यारों
मैं तो उसकी अदाओं को आकार देता हूँ !!

31. इश्क़ फ़िज़ा

सादगी में वो हुस्न सुहाना
चमक धूप का छुअन फसाना
संग-संग गौरी ज़ुल्फ़ सेहलाती
वो रूप-नूर का ग़जब ढहाना
वो संग-संग उसकी कदमताल
वो ज़ुल्फ़ लहराते उसके बाल
फ़िज़ाओं में वो घुला इश्क़
वो अदा दिखाती खूब कमाल
ना अता-ठिकाना होश का
हम गुम गुम होकर गुमशुदा
उड़न लगाता दिल मस्ताना
इश्क़ फ़िज़ाओं में दिल फ़िदा !!

32. विपाशा

मैं रोहतांग का ठेहरा बना किनार
शाम-सेहर मुझको तेरी आशा
बहत-बहत तू मुझको छूती
बनत कोई जैसे नदी विपाशा
मैं इंतज़ार में तेरे गुमसुम
मेरी ओर बढ़े तू एक सुबोध बहाव
संगम पर हम मिलें कहीं
और आया मन में
एक इश्क़ का ये ठेहराव !!

33. दौड़

तेरे नम आँखों की सादगी शायद कुछ बतलाती है
तेरे साज़ की कशिश मेरे दिल को बड़ा लुभाती है
तेरी ज़ुल्फे करें उड़-उड़ के कोई इशारा
और हसरत ये मेरी दौड़ी चली आती है !!

34. नज़ारा

जो हम प्रकृति के नज़ारो में तुझे ढूंढें
तो तू मदमस्त हवाओं पर
झूमती बेलो की अदाओं पर
रिझाते हुए फूलों पर
सावन के उन झूलों पर
बारिश की मिठी महक में
मौसम की उस चहक में
पत्तो-पत्तो डाली-डाली पर
ढलते सूरज की फैली-फैली लाली पर
इन सबका मुझको हर पल एक इशारा है
हर जगह बस हमें दिखता एक तेरा ही नज़ारा है !!

35. तारीफ

उस रोटी में मिला था पसीना पिता की मेहनत का भी
बच्चो ने तारीफ सिर्फ माँ के हाथों की करी !!

36. कलम की नोंक

मेरी कलम की नोंक में रहती हो तुम
अक्सर मैं तुम्हें शब्दों में लिखता रहता हूँ
तुम बरखा की बूँद सी मुझ पर गिरती हो
मैं मिट्टी के कण-सा बहता रहता हूँ
मैं जो करता हूँ न ये बार-बार इश्क़ का इज़हार
अरे मैं तो मुलाज़िम खुदा का
अक्सर उसकी मर्ज़ी कहता रहता हूँ !!

37. हिंदुस्तान

ढले जो कहीं शाम मुझमें मैं थार कि कोई बाट हो जाऊँ

हो अगर कहीं सवेरा मुझमें मैं गंगा का कोई घाट हो जाऊँ।।

उठे अगर तूफान मुझमें मैं हिंद कि हो जाऊँ लहर

जलिया वाला बाग होऊँ अगर बरसे जो मुझपे कहर।।

तारीफ जो कोई करे मेरी मैं ताज़ हो जाऊँ

शहीद-ए-आज़म होऊँ मैं अगर किसी का नाज़ हो जाऊँ।।

न होऊँ मैं हिंदू न बनू मैं मुसलमान बस मैं एक इंसान हो जाऊँ

जगमगाये कहीं तिरंगा मुझमें और मैं पुरा हिंदुस्तान हो जाऊँ।।

38. एक लड़का

एक लड़का क्या करे और क्या नही भी
उसके उपर कितनी ज़िम्मेदारी होती है
हल्की-हल्की मुस्कान लिए चेहरे पर घूमें हैं
मगर असल में तो जिंदगी कितनी भारी होती है
लड़का सब कुछ करे वो भगवान नही होता
हम लड़को का जीवन भी आसान नही होता !!
बड़े हुए तो छूटे हम माँ के आँचल से
परिवार से टूटे थोड़े धागे हैं
अब बताते नहीं हम हमारी तकलीफ किसीको
हाय हम लड़के भी कितने अभागे हैं
तकलीफे सह कर भी वो कभी परेशान नही होता
हम लड़को का जीवन भी आसान नही होता !!
रोए तो कमज़ोर रुलाए तो बुज़दिल है
नही है सरल हमे भी बहुत मुश्किल है
पापा के सपने कहीं हमारी आँखो में जगमगाते है
फिक्र यह अब हमें सब कुछ करना है पापा कहाँ कुछ कर पाते हैं
हर बोझ दे दो लड़के को वो इतना भी बलवान नहीं होता
हम लड़को का जीवन भी आसान नहीं होता !!
हम हमारे शौक जवानी में ही छोड़ देते हैं
अपने ही मनोरंजन से थोड़ा मुह मोड देते हैं
हमारा खुद पर कोई भी एहसान नही होता
हम लड़को का जीवन भी आसान नहीं होता !!

39. शिद्दत वाला प्यार

कहाँ आकर फस गया मन ये इश्क़ के विचार में
ध्वस्थ कर दिया हमें तेरी नज़रों के शिकार ने
वो सावन की किसी बूंद का तुम्हारे जिस्म पर ठहरना
वो मेरी नादानी वाली बातों पर
तुम्हारा ठहाके से मुस्कुराना
तुम्हारे वो शबनमी होठों के
गुलाबी से लफ्ज़
और किसी नदी के वेग सी बहती मेरी ये नव्ज़
कहती है की हाँ इश्क़ की महक
इन दिल के बागानो में बरकरार है
मुझे तुझसे और तुझे मुझसे
वो शिद्दत वाला प्यार है ! हाँ वो शिद्दत वाला प्यार है !

40. तस्सली

कहते हैं कि बीती बातों को भुला दिया जाये तो बेहतर है
मगर बीती बातें ही तो है जो यादें बन उमड़ती है
ये यादें ही हमें कितना सुकून देती है
यादों के सहारे ही हम ख्वाबों को जिया करते हैं
ख्वाब ही तो है जो देता है तस्सली
इंतज़ार खत्म होने कि !!

41. बसेरा

शायद तेरे दिल में भी मैं कहीं इश्क़ का बसेरा हूँ
तेरी आँखों के काजल का रंग मैं गहरा हूँ
क्यूँ ढूँढे है तु मुझको इधर-उधर
तु झांक कर देख खुदमें मैं तो तेरी सांसों में ही ठहरा हूँ ।।

42. मेरा हिंदुस्तान

केरल का कोई तट है तू मैं तुझमें ढलती शाम जैसे
मिथिला की है तू सीता कोई मैं अयोध्या का कोई राम जैसे
मैं हरियाली हूँ तू जैसे असम का कोई बागान है
रेत हूँ मैं जैसे कोई तू जैसे रेगिस्तान है
मैं बहाव हूँ इक बहता सा तू जैसे गंगा का पानी है
तू पवित्र कोई गीता है तू याद मुझको मुह ज़बानी है
मैं पर्वत कोई हिमालय तू मुझसे टकराती हवा जैसे
मैं मंदिर में बजती झालर कोई तू मस्जिद की कोई दुआ जैसे
तू पवित्र एक स्थान जैसे मथुरा काशी है
तुझमें ही बसेरा करता ये भोला सन्यासी है
तू मुझमें बढ़ती तपन कोई मैं तुझमें रहता राजस्थान जैसे
मैं राजधानी तेरी दिल्ली हूँ तू मेरा पुरा हिंदुस्तान जैसे !!

43. मैं लिखूँगा

मैं लिखूँगा तुम्हें तुम शब्द बनती जाना
मैं तुम्हारे साथ मिलकर अर्थ हो जाऊंगा

44. संभाल के

मैं अध्याय सा रहूँगा तुम पंक्ति बनती जाना
मैं वीणा सा सुर छेड़ूंगा तुम भक्ति बनती जाना
धीरे-धीरे खुदको मैं दे रहा हूँ तुम्हें
तुम संभाल के मुझको अपने पास रखती जा

45. हिंदी

हिंदी से पहचान है
हिंदी हमारी जान है
सबकुछ है बस दिखावे ज़िंदगी के
हिंदी से ही सारा ज्ञान है
हिंदी बिन ये देश कहाँ है
हिंदी से ये हिंद का जहाँ है
वो तो अंग्रेज़ो ने हम पर राज़ किया
इसलिए हिंदी का थोड़ा महत्व खो गया
क्यो ये आजकल हिंदुस्तानी का ज़मीर खो गया
खुदकी भाषा का कुछ ठिकाना नही
बस सब अंग्रेज़ी तोते होते जा रहें है
भारतियों की भाषा के आधार खोते जा रहें है

हिंदी है शख्सियत हिंदी प्रतिबिंब है
सुनलो ये ध्यान से हिंदी से ही सारा हिंद है

46. जयसंहिता

प्रचंड सा वो एक काल था
जब हर जगह हाहाकार था
एक अनजाना युद्ध था
जो अपनो के ही विरुद्ध था
जब प्रेम का बहिष्कार था
यही पुरा जयसंहिता का सार था !!

47. किताब

आज घर के किसी कोने में पड़ी किताब ने
फिर से मुझे पुकारा
कहा :- ओ तकनिक के गुलाम
ज़रा हम पर भी दे ध्यान
मैं सिसक-सिसक कर रह गया
फिर हटा लिया नज़र उस किताब से
और फिर से फोन में ध्यान लगाया
फिर कुछ देर बाद उब गया फोन से
फिर था नहीं कुछ करने को
तो आखिर उठा ही लिया उस किताब को
देखा तो उसमें मेरे जज़्बात खिलखिलाकर हस रहे थे !!

48. आपबीती

कोई पूछता है हमसे कि तुम्हारा काम क्या है :-
हम कहते हैं :-
अपनी आपबीती को अक्सर टटोला करता हूँ
बस हर वक्त मैं शब्दों से खेला करता हूँ

49. शब्द बनाया

ख्वाबों की धुन में
एक स्वर को बुनकर मैं
इश्क़ का गीत रचाया हूँ
संगीत तो मैं बनता गया
तुझको शब्द बनाया हूँ !!

50. रूह

तू नृत्य है मैं थीरकन तेरी
मैं आहट हूँ तू बजता घुंघरू
थिरक-थिरक मैं ताल बजाऊं
हर झंकार पर इक स्वर बन तेरे कदमों को थिरकाऊँ
शब्द संगीत को प्रेम बनाकर तेरी रूह को भी सेहलाऊँ !!

51. नसीब हो

आँखे सुर्ख हो गयी याद में तेरी
तू लाज़मी है मेरे ख्वाबों को
तसल्ली ये दिल दे रहा है
तेरी फरामोशी का ख़ौंफ

मुझे कहीं अंदर तक झंकझोर देता है
तू आकर सेहला दें एक बार पलकों को मेरी
मेरी नींद को सुकूँ का एक आलम नसीब हो !!

52. कृष्ण-राधा की एक कहानी

ये सादगी खूब उभरती खूब उभरता जोबन तेरा
तू राधा मेरी मन की कोई मैं श्याम मनोहर मोहन तेरा
मैं नटखठ सा कोई चंचल ग्वाला
तू मुझपे सज्जित जैसे कंठी-माला
कहना तेरा ऐसा जैसे मधुर मुरली की मधुर-सी वाणी
पवित्रता तू मुझमें कोई मैं जैसे कोई यमुना का पाणी
वतावरण तू वृंदावन का मैं मथुरा जैसे कोई निशानी
तेरा-मेरी प्रेम-रास ये कृष्ण-राधा की एक कहानी

53. नज़रिया

मैं कहूँ तेरी आँखो से
मैं रहूँ तेरी आँखो में
तेरी आँखों को इस कदर अपना घर बना लूँ
मसकारा बन कोई मैं तेरी पलकों को सजा लूँ
जब देखें तेरी नज़रे किसी छोर पर
तब-तब मैं खुदको तेरा नज़रिया बना लूँ !!

54. शामिल

तेरे इश्क़ में आज इतना डूब जाऊँ
कि दिल की गहराईयों तक घायल हो जाऊँ
चाहूँ तुझे इतना की तेरी मशक्कत में पागल हो जाऊँ
तेरा सफर हो मुझसे मुझ तक
और तेरे कदमों की आहट में भी
मैं शामिल हो जाऊँ !!

55. मर्ज़ी

मोहब्बत के मुकाम पर खूब लगी है अर्ज़ी मेरी
ए-खुदा तू दें या न दें अब सबकुछ ही है मर्ज़ी तेरी !!

56. सुंदर रूप

तू सुंदर चित रूप दर्शन कोई
मैं श्याम वर्ण सा लिपटा बदन पे
तू माथे पर सजा मोर मुकुट
मैं पैरों में छन-छन पायल जैसे
तू मुरली की मधुर तान
मैं गोपी सा कोई कायल जैसे
मैं मथुरा की कोई माटी जैसे
तू वृंदावन की कोई घाटी जैसे
प्रेम की सरगम में हम दोनों की छैंया-छैंया
तेरा-मेरा संबंध जैसे जगपालन कोई कृष्ण-कन्हैया !!

57. स्त्री मन

कैसा होता है एक स्त्री मन
ख्वाहिशें टालकर ख्वाबों से समझौता होता है
मुक्कमल हो खुशी मगर अंदर मन घुट-घुट के रोता है
जो करने चलें मन कुछ अपनी मनमानी
तानों की सांसे लें मर जाती है ज़िंदगानी
आखिर कैसा होता है एक स्त्री मन !!

58. शब्द चुराना

अपनी हर एक पंक्ति में
तुझको मैं अक्सर सजा लेता हूँ
देखता हूँ एक नज़र
और अपनी नज़रों में बसा लेता हूँ
तेरी जवानी दिखाती है करिश्में कमाल के
और तेरी अदाओं से मैं
लिखने के लिए शब्द चुरा लेता हूँ !!

59. हमारी मोहब्बत

मेरी हर राह तेरी मोहब्बत कि मंज़िल को जाती है
मैं बैठा किसी चौराहे पर करता हूँ इंतज़ार तुम्हारा
तुम गुमनाम सी रहती हो तो वो खामोशी बड़ा सताती है
भीड़ बहुत होती है मेरे आस-पास
मगर तुम बिन सब सुना ही होता है
मैं अक्सर हमारी पुरानी मुलाकाते याद कर हँसने लगता हूँ
जिस राह मिला करती थी न तुम अब वहाँ से गुज़रते वक्त
यही आस होती है कि तुम मिलो कहीं फिर उन्ही रास्तो में
जहाँ जिये थे हम हमारी मोहब्बत को !!

60. तेरा नाम

लबो पे अक्सर नाम तेरा रहता है
तू वाजिब है मुझे दिल ये दिल से कहता है
मै ख्वाबो में रहता हुँ करीब तेरे
तू जो हो मुक्कमल रब मुक्कमल होता है ।

61. पागल शायर

मेरे करीब न बैठना ए-शख्स कोई
मैं तो बदनाम हूँ तुम्हें भी बना दूँगा
पागल सा इक शायर हूँ मैं
मैं तुम्हारी रूह को भी इश्क़ करना सिखा दूंगा ।

62. बंजारा

तेरी सूरत का मुक्कमल
खुदा का सजदा लगता है
तेरी निगाहों में इश्क़
कहीं हद तक सच्चा लगता है
लोग कहते हैं
क्यों रहते हो इतना इश्क़ के सफ़र में
अरे हम तो बंजारे हैं
हमें इन रास्तो में रहना अच्छा लगता है ।।

63. लचकती कमर

तेरी लचकती कमर पर
सरकती इक बूंद वो पानी की
ध्यान रहें कहीं
ये अदा दुश्मन न बन जाये तेरी जवानी की ।।

64. मैं शख्स ज़मीन का

बातें करूँ मैं शख्स ज़मीन का

गगन के उड़ते पंछी से

वो लबों पे लिये चहचाहट अपनी

मैं बोलूँ ज़ुबान शब्दियत तर्क की

नसीब उसे गगन नाप

मैं ज़मीन की चाल का मुसाफिर

कदारदान मैं शख्स देखूँ उसकी लहरहाट

वो मेहरबां उड़न को अपनी

मैं नज़र की चोट मारूँ उसके सफर पर

वो नज़र अंदाज किये निकल जाये

मैं उड़ चलूँ साथ में

वो कदम मिलाएं परवाना !!

65. कुल्हाड़ी

कुल्हाड़ी ले चला मैं
जंगल तबाह करने को
साँसे जो मेरी नम हुई
पलकों पर जो हथेली आने लगी
थकहार कर बैठना चाहा
तो एक छाँव न नसीब हुई मुझ कम्बख्त इं

66. तिनका

एक मुर्दा की कब्र और
एक लड़की का सब्र
हमेशा भयानक होता है
जो समझे सब्र को स्त्री के
वो जाने कि हाँ स्त्री सर्वसार है
ऐसे ही इन्हें पवित्रता नहीं मिली भाग में कई तूफान सहे हैं इस
स्त्री नामक तिनके ने !!

67. मोहब्बती किताब

तेरी निगाहों का दीदार शराब बन जायेगी
तेरी एक मुलाकात मेरा ख्वाब बन जायेगी
तु बनना शब्द और मैं बटोरुंगा तुझे
और धीरे धीरे हमारी मोहब्बत की किताब बन जायेगी ।।

68. शरम

तेरी बातों का इक इक शब्द बन जाऊँ मैं
श्रृंगार बन हर पल तुझे सजाऊँ मैं
तू झुकाये पलके तेरी धीरे से
तेरी शरम बन तेरी आँखों में रह जाऊँ मैं ।।

69. हर रोज़ कविता

नगमें अहसास के दिल-ए-कलम लिखता है
ज़िंदगी की किताब में हर रोज़ एक कविता है ||
गुज़रते हैं लम्हें बीती हुई यादों में यूँ
कि मेरा पल-पल ख्वाबों में बिता है
सजो रहा दिल सपनें खुशियों के इस कदर
कि मेरा अंदाज भी खुशियों में जीता है
दिल में धागा अल्फाज़ों का पिरोया यूँ
कि मेरा दिल इन कविताओं को सिता है
एक शख्स है दर्पण में जो बता रहा
ज़िंदगी की किताब में हर रोज़ एक कविता है

70. बहुत है

उम्मीदें अगर टूटे तो कभी पंछियों को देख लेना
जिन्हें आसमां का अंदाजा नहीं फिर भी उडान उनकी बरकरार होती
है ।

****

गुस्सा हूँ क्योंकि प्रेम है
ये प्रेम है गुस्सा नहीं हूँ मैं ।।

****

सौदा होता है जब भी
इश्क़ कि खुमारी का
मेहबूबा के इश्क़-ए-बाज़ार में
नीलामी में हर बार सबसे महंगे हम ही होते हैं ।।

71. अल्फाज़

अल्फाज़ से मुझे कुछ यूँ हुआ इश्क़
कि इस इश्क़ का मैं हमराज़ हो गया हूँ ||
बढ़ने लगी मेरी चाहत शब्दों से
लगा जैसे मैं खुद ही अल्फाज़ हो गया हूँ
नाज़िम होने लगा मैं खुदकी चाहत से
इस चाहत से मैं जैसे कोई आगाज़ हो गया हूँ
खुशनुमा करने लगा मैं अपना अंदाज
क्योंकि अब मैं वाक़िफ़-ए-अंदाज हो गया हूँ
अब कलम बताये मुझे अपनी शख्सियत
यूँ कि मैं अपनी मेहफिल का शाहबाज़ हो गया हूँ ||

72. गेहरा इश्क़

तेरी आँखो में है ये मेरा पहरा
भटक इधर-उधर दिल तुझमें ठहरा
दिन-बे-दिन होता जा रहा तुझसे
मेरा इश्क़ ये गहरा ||

73. दिल का शोर

मैं भी किसी धड़कते दिल का शोर हूँ
अब रहा नहीं मैं मैं शायद अब कोई और हूँ
मैं भी हूँ एक इश्क़ का किस्सा
मैं भी इश्क़ का कहीं कोई छोर हूँ !!

74. उर्दू बनाया

तेरे इश्क़ में इन हाथों ने कलम उठा लिया
तेरी अदाओं से मैं पंक्ति-पंक्ति सजा लिया
जो कहलाया मैं शायर कोई
तब मैंने तुझको अपनी उर्दू बना लिया !!

75. झलक

सुबह-सुबह की धूप नहाती
जगमग करती उसका बदन सुनहरा
नींद की अकड़न हुई बेकाबू
पहले एहसास की झलक वो चेहरा
अंगडाई के फ़िर जाने के बाद
दिन का जो भी वक्त है गुज़रा
होश-खयाल तो बहुत से
मगर उसका खयाल सबसे गेहरा
नाम रहा उसका ही हर पल मेरे हलक में
पल-पल उसके ही निशां
मेरे आँखो की झलक में ||

76. चलना

लम्हों ने हमें क्या खूब निशाँ दिया
क्या है खूबी हमारी हमें यह बता दिया
डगमगा रहे थे हम तो कदम-कदम पर
मगर रास्तों ने चलना सिखा दिया !!

77. धर्म

दुआ की जगह लेली इन हथियारों ने
इंसान को हैवान बना दिया धर्म की दीवारों ने !!

78. दिलनशी अदा

गुलमोहर के बागानो में
इक गुल का साथ लज़ीज़ हुआ
तस्सवर का वो समां सुहाना
दिल को बड़ा अज़ीज़ हुआ !!
वो प्रकृत नज़ारा दिलनशी
लुभावी-सा कहीं गुम कर देता दिलनशी की अदाओं में !!

79. इश्क़ का मुकाम

रात भर मैं लिपटा रहा उससे ज्योति सा

तुम बाती सी संग मेरे जलती रही

मैं बादल जैसे संग उड़ता रहा

तुम झोंको सी मुझमें धलती रही

मैं तुम और तुम मैं होते रहे

रब के ख्वाबों को हम अपने ख्वाबों में पिरोते रहे

मैं रहा तुममें तुम रहे मुझमें

रूह ने क्या खूब पैगाम दे दिया

ज़िंदगी में हमें भी एक इश्क़ का मुकाम दे दिया ॥

80. आँखो में छुपा

तेरी हथेली कि छुअन को इक एहसास बना लूँ
धड़क बना कहीं मैं तुझे मेरे दिल में बसा लूँ
कहीं नज़र न लगे हमारे इश्क़ को
तुझे मैं नशा बना अपनी आँखों में छुपा लूँ ।।

81. इश्क़ कब हुआ

तेरा होना मुझे मुक्कमल रब हुआ
तू जो मिल गया मैं सब हुआ
इत्तेफाक से इक अजनबी से मिले
और न जाने ये इश्क़ कब हुआ ।।

82. इंतज़ार

वक्त के कदम के साथ कदम बरकरार है
सुईयों की गतिविधि पर नज़रे लगातार है
काट रहें पल-पल बैचेनी के
इक अरसे से ज़हन को मेहबूब का इंतज़ार है ।।

83. समझ नहीं

कैसा मंज़र है ज़िंदगी का
कि समझ नहीं आता
प्यार में हूँ
इंतज़ार में हूँ
या किरदार में हूँ ॥

84. क्या लिखूँ

मैं क्या लिखूँ तेरे बारे में ए-सनम

मेरी ज़िंदगी की किताब का तू ही तो अल्फाज़ है

मेरे लिपिक की तू स्याही जैसे

मेरा हर लफ्ज़ इस स्याही का मोहताज़ है ||

मैं क्या कहूँ तेरे बारे में ए-सनम

तेरी तारीफ का हर शब्द एक खूबसूरत अहसास है

तु ही मेरे ज़िक्र की ख्वाहिश जैसे

मेरे हर शब्द को तेरे नाम की तलाश है ||

मैं क्या सोचूँ तेरे बारे में ए-सनम

एक सिर्फ तेरा ही तो यादों पर पहरा है

यह नाचीज़ एक अजब-सा चित्र

जिसमें इश्क़ का रंग बहुत ही गहरा है ||

85. आँसू

इश्क़ में तो सभी ने
आँसु बहाये है जनाब
बस फर्क इतना है
किसीको मोहब्बत से शिकवा हो गई
और किसीकी मोहब्बत रुसवा हो गई ||

86. काश

" काश " बढ़ जाया करते हैं अक्सर
जब हैं ज़िंदगी के दिये हुए मौके छोड़ दिया करते हैं ||

87. खुसरत

खुसरत ये इश्क़ खूबसूरत
धूप का छाँव से बैर मिटा दे
खुदा का है मुलाज़िम मगर
ये चाहे तो खुदा को भी झुका दे ॥

८८. प्यार

प्यार -
एक प्यारा सा इज़हार
लबों पे आता इकरार ||
प्यार -
एक मीठी सी बात
जिसमें जीवन की सौगात ||
प्यार -
नशा एक निगाहों का
दीवाना हर इक अदाओं का ||
प्यार -
जो दिलों की एक तान
जो हर पल दें मुस्कान ||
प्यार -
हर दिल की एक मुस्कान
जिसका हर एक दिल परवान ||

89. नसीब में

हलक में हमारे मेहबूब का नाम रहे
नसीब में हमारे मेहबूब की शाम रहे
वो मिलें तो कुछ इस कदर मिलें हमें
कि न वो बुरी बने न हमारी मोहब्बत बदनाम रहे ||

90. ज़माने में

मोहब्बत की कीमत बहुत छोटी करदी जिस्म के फसाने ने
वरना मोहब्बत को खुदा समझा जाता था
दुनिया में ज़माने में ||

91. उड़न

नन्हें कदम मेरे मगर होंसलें बुलंदी की पहचान है
हर मुश्किल का सामना कर सकें ये परवान है
पंखों की ज़रूरत कहाँ मुझे
मेरे तो ज़ज़्बों में ही उडान है ॥

92. कलम

ओये कलम ! ओये कलम !
तुझसे मेरी ताकत है
तुझसे मेरी चाहत है
तू ही मेरी बेबसी , तु ही मेरी राहत है
जो न छुटे तु एसी मेरी आदत है
ओये कलम ! ओये कलम !
तुझसे मेरी ताकत है
तुझसे मेरी चाहत है
तू इस नाचीज़ की बड़ी दिलचस्प कहानी है
हर इक सांस में बसी खूबसूरत ज़िंदगानी है
तू ही मेरे हर किस्से की आहट है
ओये कलम ! ओये कलम !
तुझसे ही मेरी ताकत है ||

93. असर

जब पलकों को तू मिन्छ कर
वो जो मंद-मंद मुस्काती है
तेरी आँखो से जो तु
इशारे खूब झलकाती है
जो करता हूँ न अक्सर मैं रब से
मेरी वो दुआ असर कर जाती है !!

94. सताती है

उदासी तेरी वो बातों में
मेरे लम्हें बुरे बनाती है
रूठें जो तेरी मौजूदगी मुझसे
वो मेरे दिल को तकलीफ-सी दे जाती है
मैं कैसे मनाऊं मेरा रूठा हुआ रब
ये बातें मेरे दिल को बड़ा सताती है !!

95. चाहत

मन सरगम पर ये सफर वाली आहट
दिल को गुदगुदाती वो झोंकों की सरसराहट
मौसम के साथ गुफ्तगु थोड़ी
और खुदके साथ वक्त बिताने की चाहत !!

96. पर्दा फ़ाश

न उजालों का न ही अंधेरो का एहसास है
शायद तूने ही कुछ किया जो मैंने खोये होशो हवास है
न कर पर्दा अब इस कम्बख्त इश्क़ से
अब तेरे इश्क़ का भी हो गया पर्दा फाश है ।।

पर्दा फ़ाश

97. कितना मरती है

सोती है सुकूँ से पलके मेरी
तू जो ख्वाबो में जागा करती है
देख ये ज़िंदगी मेरी तेरी सांसो पे कितना मरती है ।।

98. तुझको प्यार दूँ

तुझे देख एक नज़र तेरी हर नज़र उतार लूँ
तेरी झलकती काया पर अपना हर ज़र्रा वार दूँ
तू भी कहे कि क्या होगा कहीं दीवाना कोई मेरे जैसा
इतना मैं तुझको प्यार दूँ ॥

99. बेईमान हो जाऊँ

मेरे हर खाते में खुदा तुझे लिखदे वसीयत मेरी
मैं पाकर तुझे खूब धनवान हो जाऊँ
चुरा लूँ तुझे दुनिया से कोई तरकीब करके
बस तेरे लिए थोड़ा-सा बेईमान हो जाऊँ !!

100. बहुत है

हम खुदको तलबगार बनाये बैठें है
तू जो इजाज़त दें घुल जाये तुझमें !!

****

हर रोज़ सिखता हूँ इश्क़ करना मैं
तुमसे ही इश्क़ करके !!

*****

इश्क़ है रूप भी बहुत
किसी को प्यास है
किसी को अहसास है !!

101. किस्से

मैंने लिखा है जो इसे अब मैं क्या ही कहूँ
तुम ही बताना की पंक्ति है
या कुछ किस्से है मुझमें बीते हुए ||किस्से